AF358942

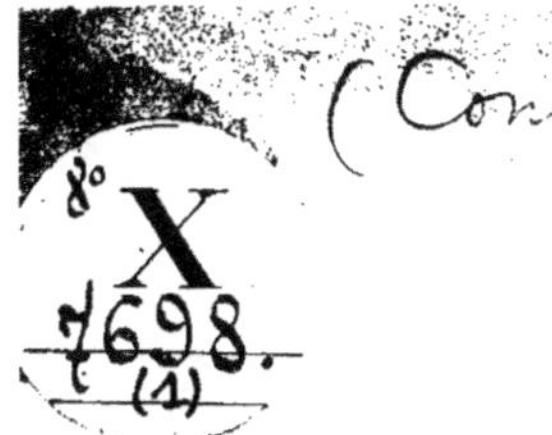

NOUVELLE

MÉTHODE DE LECTURE

SANS ÉPELLATION

LECTURE — ÉCRITURE — ORTHOGRAPHE

La *LECTURE* par l'*ÉCRITURE*

L'*ÉCRITURE* par la *LECTURE*

PAR MM.

A. CUIR
INSPECTEUR PRIMAIRE

F. LOEZ
DIRECTEUR D'ÉCOLE PRIMAIRE

60 LEÇONS ET 32 REVISIONS
imprimées en noir et en rouge

Ouvrage inscrit sur la liste des ouvrages fournis gratuitement par la Ville de Paris à ses Écoles communales

NOUVELLE ÉDITION

PARIS

G. MASSON, ÉDITEUR
120, BOULEVARD SAINT-GERMAIN

ALPHABET (minuscules et majuscules).

a b c d e f g h i j k l m
a b c d e f g h i j k l m
A B C D E F G H I J K L M
A B C D E F G H I J K L M
n o p q r s t u v x y z
n o p q r s t u v x y z
N O P Q R S T U V X Y Z
N O P Q R S T U V X Y Z

CHIFFRES

1 2 3 4 5 6 7 8 9 0

PRÉFACE

Rendre attrayante et facile l'étude de la lecture aux commençants, leur faire comprendre dès le début le mécanisme de la syllabation, leur apprendre en même temps à écrire, à **vue** d'abord, puis **sous la dictée**, les lettres, les syllabes, les mots étudiés, en un mot, mener de front **la lecture, l'écriture et l'orthographe** par une méthode toute rationnelle, toute concrète : voilà quel a été notre but.

La première condition dans un enseignement aussi difficile, c'est d'éveiller la curiosité et de provoquer l'attention. Nous arrivons à ce double résultat en nous servant d'un dessin et en exposant la leçon au tableau noir.

Nous employons la craie rouge pour tracer l'élément étudié, que cet élément soit un son ou une articulation. (*On se procure de la craie rouge en faisant tremper pendant quelques jours la craie ordinaire dans un bain de fuchsine, substance qu'on trouve à très bas prix chez tous les droguistes.*)

Un exemple fera comprendre notre manière de procéder. Nous allons nous supposer devant de jeunes enfants auxquels nous devons donner une leçon de lecture. Les voyelles sont connues, supposons-le, de tous les élèves ; nous abordons la première consonne qui, dans notre méthode, est la lettre *t* (1) (*té* ou *te*, ou encore t^e, comme on voudra, le nom importe peu).

Nous dessinons en présence des enfants une tête de petit garçon. (Si le maître ne sait pas dessiner, la vignette du livret suffira.) « Que représente, mes amis, dit le maître, le dessin que je viens de faire ? — C'est un petit garçon. » Avec une baguette nous faisons montrer et nommer les différentes parties de la tête, d'où une petite leçon de langage qui intéresse les enfants et les dispose à bien écouter. — « Savez-vous comment s'appelle ce petit garçon ? — Non. Eh bien ! il s'appelle **toto** et je vais écrire son nom. » Le maître écrit alors en caractères typographiques le mot **to-to**, puis il dit aux élèves : « Lisez ce que je viens d'écrire. » Les enfants lisent collectivement *to-to*. On fait répéter plusieurs fois et lentement ce mot. « Vous connaissez la lettre **o** ; l'autre, que j'ai tracée en rouge, s'appelle..... — retenez bien son nom — s'appelle **t**. Ainsi, quand il y a un **t** et un **o**, cela fait **to** ;

(1) Dans l'ordre que nous suivons pour l'étude des consonnes, ces lettres sont rangées d'après le degré de difficulté qu'elles présentent pour l'écriture. — 1º Groupe de l'**i** : **t**,**n**, **m**, **p**, **r**, **v** ; — 2º Groupe de l'**o** : **c**, **d**, **s** ; — 3º Groupe de **l** ou *bouclées* : **l**, **b**, **h**, **j**, **y**, **g**, **f**, **z**.

si, à la place de l'**o**, je mets un **a**, cela fera?... — **ta**. (*Les élèves neuf fois sur dix, répondront* **ta**, *à cause de l'analogie.*) Le maître écrit **ta**, en caractères typographiques ; il le fait lire, **mais sans épeler**. — « Si, à la place de l'**a**, je mets **i**, cela fera?... — **ti**. » Et ainsi de suite pour les autres voyelles. Le maître écrit toujours et fait lire collectivement puis individuellement. Les mêmes syllabes sont écrites en caractères manuscrits, afin d'habituer tout de suite les élèves à lire ces caractères et à les écrire, car il faut *faire marcher de front l'écriture et la lecture.* Un bon procédé pour apprendre aux élèves à écrire les lettres consiste à les leur faire tracer en l'air avec le doigt tendu ; ces gestes donnent en même temps satisfaction au besoin de mouvement inné chez l'enfant.

Puis les élèves, munis d'une ardoise, **fabriquent** eux-mêmes les syllabes (avec l'attrait qu'offre la nouveauté), guidés par des questions du genre de celles-ci : « Que faut-il pour faire **ti**? — (un *t* et un *i*) — pour faire **ta**? — (un *t* et un *a*). » Et en même temps, les enfants écrivent et montrent leurs essais que corrige instantanément le maître. Le mécanisme de la lecture est ainsi compris par eux en même temps qu'ils apprennent l'orthographe d'usage. Même ils pourront s'exercer, revenus à leur place, à reproduire le dessin du tableau ou du livret.

Lorsque toutes les combinaisons de l'articulation étudiée avec les voyelles sont bien sues, on passe aux exercices d'application, aux mots d'abord, aux phrases ensuite. Il est recommandé d'expliquer tous les mots, d'encadrer dans une petite phrase un terme qui pourrait ne pas être compris seul, et de réserver chaque jour une dizaine de minutes pour faire épeler de mémoire, et, autant que possible en les écrivant sur l'ardoise, une grande partie des mots lus.

Nous avons apporté le soin le plus minutieux au choix des mots et des phrases, éliminant tout ce qui est abstrait ou n'appartient pas à un ordre d'idées à la portée des enfants.

Les éléments de la leçon étant ainsi expliqués au tableau noir, on procède à la lecture de l'exercice d'application sur le livret. La lecture sur le livret a l'avantage d'habituer tout de suite les enfants à la lecture sur les livres.

Présentée de la sorte, la leçon réunit des exercices d'intelligence, de langage, de lecture, d'écriture, d'orthographe et même de dessin. Elle n'est plus cette étude aride d'autrefois qui fatiguait et rebutait l'enfance. Au contraire, elle intéresse, elle amuse même, tout en développant l'intelligence, en augmentant les connaissances et en formant le cœur.

LES AUTEURS.

1re PARTIE — SONS SIMPLES

1re LEÇON

Étudier les voyelles dans l'ordre suivant :

i, u, o, a, e, é, è, ê.

Il est indispensable que tous les élèves sachent reconnaître et écrire toutes les voyelles avant de passer aux consonnes. Voir ci-dessous les procédés à employer pour cette étude. Il ne faut pas craindre de rester sur cette leçon assez longtemps pour que *tous* les élèves reconnaissent sans hésitation *toutes* les voyelles qu'on leur montre : il ne s'agit pas de courir en avant avec les plus habiles, mais de marcher prudemment avec la masse du régiment de façon à laisser le moins possible de traînards à chaque étape. Même observation pour les leçons subséquentes.

Procédés : Lettre i. — Raconter une histoire dans laquelle un petit garçon rit. Bruit qu'il fait en riant. Ce bruit se représente par *i*. Le tracer au tableau noir. Faire remarquer le point (qu'on peut appeler un chapeau). Forme manuscrite de cette lettre. La tracer en l'air avec le doigt tendu. La faire reproduire au tableau et sur l'ardoise.

Lettre u. — Un charretier fait marcher un cheval ; ce qu'il dit. Ce cri se représente par ceci : *u*. Cette lettre est formée de deux *i* à côté l'un de l'autre, mais sans chapeau. Distinguer *i, u*. — Écriture.

Lettre o. — Rapprocher cette lettre de l'exclamation qui marque la surprise ou l'horreur. Pour cela, raconter une petite histoire : un petit garçon se promenant dans le jardin, aperçoit un vilain crapaud ; il s'écrie : « **Oh !** qu'il est laid ! » Forme de la lettre. Distinguer *i, u, o*. Forme manuscrite. La faire reproduire comme il a été dit ci-dessus.

Lettre a. — Étudier cette lettre au moyen de l'exclamation admirative ah ! — Petite histoire : un enfant voit une belle image, il dit : « **Ah !** que c'est beau ! » Forme typographique et manuscrite de **a**. Mêmes exercices que ci-dessus.

Lettre e. — Montrer un dessin représentant des œufs ; le reste comme ci-dessus.

Lettres é, è, ê. — Changements de prononciation de la lettre *e* avec des accents, qui sont des chapeaux de forme différente. Bien prononcer ces lettres. Écriture au tableau noir et sur les ardoises. Récapitulation.

2ᵉ LEÇON

t —

to-to

ta, ti, té, tu, tè, to, te, tê.

ta, ti, té, tu, tè, to, te, tê.

é-té, to-to, tê-tu, tê-te, tu-é.

été, toto, têtu, tête, tué;

tâ-te ta tê-te. to-to a é-té tê-tu.

tâte ta tête. toto a été têtu.

Procédés : Voir la préface qui renferme une leçon sur cette lettre.

Remarques : 1º Après avoir fait syllaber les mots, les faire dire sans arrêt entre les syllabes, et en laissant aux voyelles muettes le son qu'elles ont dans la conversation : faire dire **têt'** et non pas **têteu**.

2º On peut sur le livret faire lire une ligne de caractères imprimés, puis une ligne d'anglaise, ou bien faire lire d'abord toutes les lignes de caractères imprimés et ensuite toutes les autres. — Ne pas oublier que les lignes en anglaise doivent être reproduites sur l'ardoise au début, sur le cahier le plus tôt possible. — Ne donner à écrire qu'une ligne à la fois.

3º Nous avons eu soin de ne pas séparer les syllabes dans les mots écrits en caractères manuscrits : il faut que l'enfant s'habitue tout de suite à ne pas lever la plume en écrivant un mot. Même pour les caractères typographiques beaucoup de bonnes méthodes ne séparent presque pas les syllabes : on arrive plus rapidement ainsi à la lecture courante.

4º Dans notre pensée, l'étude d'un élément nouveau doit demander une journée (4 leçons); à la suite de l'étude de cet élément, une journée est consacrée à la revision : on arrive ainsi **lentement** mais **sûrement**, si toutefois on peut appeler **lente** une méthode qui amène en six mois les élèves à une bonne lecture courante.

3ᵉ LEÇON

n — *n*

ni-ni

ne, na, ni, nê, nu, nè, no, né.

ne, na, ni, nê, nu, nè, no, né.

â-ne, u-ni, ni-é, u-ne, na-na.

âne, uni, nié, une, nana.

ni-ni a ni-é. na-na a é-té à â-ne.

nini a nié. nana a été à âne.

Procédés : Que représente le dessin ? — Une petite fille. — Savez-vous son nom ? — Non. — Elle s'appelle **ni-ni.** — Je vais écrire ce mot. Lisez : **ni-ni.** Vous connaissez la lettre **i** ; celle-ci, que vous ne connaissez pas encore, s'appelle **n.** Ainsi, quand il y a un **n** et un **i** cela fait **ni.** Si, à la place de l'**i**, on met **e**, cela fera ?... **ne,** etc. Cet **n** est celui que l'on trouve dans les livres : sur les ardoises ou les cahiers, on trace **n** comme ceci : *n.* — Lire les caractères manuscrits. — Tracer un grand *n* au tableau, suivre avec le doigt, pendant que les élèves forment la même lettre en l'air. — Faire nommer et écrire les lettres des syllabes, puis des mots qu'on dicte.

1ʳᵉ REVISION

t. n.

te, ne, ta, na, tu, nu, ti, ni, to, no, té, né,

te, ne, ta, na, tu, nu, ti, ni, to, no, té, né,

tè, nè, tè, nè. — no-te, no-ta, na-tte[1],

té, né, tè, nè. — note, nota, natte,

u-ne u-ni-té. — na-na a ô-té u-ne na-tte,

une unité, — nana a ôté une natte,

ni-ni a é-té nu-tè-te. ti-ti-ne a te-nu ta tè-te.

nini a été nu-tête, titine a tenu la tête.

---

[1] Le redoublement des consonnes n'est pas une difficulté pour l'enfant. Il suffit de lui dire que deux **t,** deux **n,** se lisent comme un seul.

4ᵉ LEÇON

m — *///* **mi, ma, mê, mè, mu, me, mo, mé.**

mi, ma, mé, mé, mu, me, mo, mé.

mi-mi, a-mi, é-mu, mê-me, â-me.

mimi, ami, ému, même, âme.

no-é m'a a-me-né u-ne a-mie[1].

noé m'a amené une amie.

mi-mi

Procédés : Que représente cette image ? — Un chat. — Combien a-t-il de pattes ? — Quatre. — On dit que c'est un quadrupède. — Pourquoi élevons-nous des chats ? — Comment un tout petit enfant appelle-t-il un chat ? (un mimi.) Voici ce mot (le maître le montre). — Lisons ensemble. — Quelle est la 1ʳᵉ syllabe ?... **mi**. Elle renferme la lettre **i** et une autre qu'on appelle **m**. Donc un **m** et un **i** cela fait **mi**; avec un **a**, cela fera **ma**, etc. Mêmes procédés que ci-dessus pour la lecture et l'écriture.

2ᵉ REVISION

t, n, m.

ta, na, ma, ti, ni, mi, to, té, tu, no, nu, mo, mé,

ta, na, ma, ti, ni, mi, to, té, tu, no, nu, mo, mé,

mu, tè, né, te. — mi-te, me-nu, mo-tte, mi-ne,

mu, té, né, te. — mite, menu, motte, mine,

une to-ma-te, u-ne mi-nu-te, ma me-not-te.

une tomate, une minute, ma menotte.

mi-na a ô-té u-ne mo-tte. nu-ma a é-ta-mé.

mina a ôté une motte. numa a étamé.

no-é-mi m'a i-mi-té. na-na a tu-é u-ne mi-te.

noémi m'a imité. nana a tué une mite.

---

[1] Nous commençons à mettre çà et là quelques lettres nulles à la fin des mots. Ces lettres figurent en caractères maigres.

5ᵉ LEÇON

p —

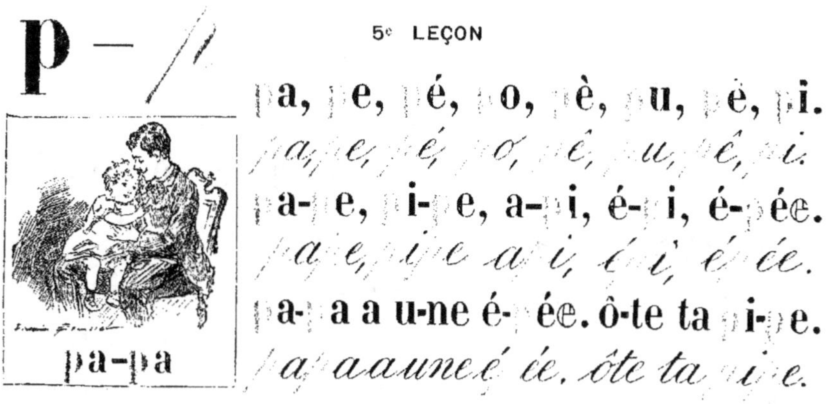

pa-pa

pa, pe, pé, po, pè, pu, pè, pi.

a- e, i- e, a- i, é- i, é- ée.

a- a a u-ne é- ée. ô-te ta i- e.

Procédés : Que représente le dessin ? Un petit garçon sur les genoux de son papa. — Que fait le papa ? Aime-t-il bien son petit garçon (oui, car il le fait jouer), etc., etc. — J'écris **papa**. Lisez. Vous connaissez le lettre **a**, l'autre, qui est tracée en rouge, se nomme **p**. — Former les syllabes : **pa, pe**, etc. — Faire écrire et décomposer les syllabes et les mots, etc., comme il a été dit plus haut.

3ᵉ REVISION

pi, mi, ni, ti, pa, me, né, tu, te, té, no, nè, ne, nu, mu, ma, pé, pe, mé, na. — ta-pe, pà-te, pa-tte, pà-té, po-mme, pi-a-no, pi-é-té, pa-ta-ti, pa-ta-ta.

na-na a ta-pé mi-mi. nu-ma a u-ne po-mme.

pa-pa a ò-té u-ne é-pi-ne à ni-ni. to-to a é-té pu-ni.

6e LEÇON

r — *r*

ra, ri, ro, ré, re, ru, rè, rê.

ra, ri, ro, ré, re, ru, rè, rê.

ri-re, ra-re, ra-me, râ-pe, pè-re.

rire, rare, rame, râpe, père.

pè-re i-ra à ro-me, mè-re ri-ra.

père ira à rome, mère rira.

rô-ti

Procédés : Que représente le dessin ? — Un rôti ? — Qu'est-ce qu'on fait rôtir ? Avec quel **ustensile** ? — Faire lire le mot **rôti**, puis, partant de **rô**, former les syllabes **ra, ri, ro**, etc. — La lettre **r** ainsi formée est celle des livres. Sur les ardoises on la trace ainsi : *r.* — Lire *ra, ri,* etc. — Écriture collective et individuelle. — Épellation en nommant seulement les lettres. — Lecture sur le livret.

4e REVISION

t, n, m, p, r.

tu, nu, mu, pu, ru, ti, re, pe, ma, ne, ro, ré, pi,

tu, nu, mu, pu, ru, ti, re, pe, ma, ne, ro, ré, pi,

ni, ta, té, me, ra. — rê-ne, ma-re, re-né, ra-ta,

ni, ta, té, me, ra. — rêne, mare, rené, rata,

no-ré [1], ré-mi, no-ri-ne [2], na-ri-ne, na-tu-re.

noré, rémi, norine, narine, nature

pa-pa a re-te-nu re-né. ré-mi pa-ti-ne-ra.

papa a retenu rené. rémi patinera.

re-ti-re ta tê-te. ma-ri-a a pa-ri-é. no-ré a ri.

retire ta tête. maria a parié. noré a ri.

[1] Pour Honoré. — [2] Pour Honorine.

7ᵉ LEÇON

V — v

vo, vi, ve, va, vu, vé, vè, vê.

vo, vi, ve, va, vu, vé, vè, vê.

é-va, è-ve, vi-te, pa-vé, ra-ve.

é-va, è-ve, vite, pavé, rave.

é-va va vi-te. è-ve a rê-vé.

é-va va vite. ève a rêvé.

pa-vé

Procédés : Comment s'appelle l'objet représenté sur l'image? En quoi est le pavé? Où trouve-t-on la pierre? Comment s'appelle celui qui pave ? — Lire le mot **pavé**, dégager la syllabe **vé** et former **vo**, **vi**, etc. — Le **v** manuscrit. Comment on le fait. Le former dans l'air puis sur l'ardoise. — Épeler **vo** = **v**, **o**; **vi** = **v**, **i** ; écrire au fur et à mesure sur l'ardoise. — Épeler aussi une partie des mots. — Lecture sur le livret.

5ᵉ REVISION

t, n, m, p, r, v.

to, no, mo, po, ro, vo, ta, tu, ri, vè, té, vi, re,

to, no, mo, po, ro, vo, ta, tu, ri, vé, té, vi, re,

na, vu, ra, mi, ve, me, nu, tè, ne, ru, rè, pa.

na, vu, ra, mi, ve, me, nu, tè, ne, ru, rè, pa.

vê-tu, va-nne, na-vi-re, vé-ri-té, vi-pè-re.

vêtu, vanne, navire, vérité, vipère.

no-ri-ne a vê-tu no-é-mi. ò-te ta me-no-tte.

norine a vêtu noémi. ôte ta menotte.

ré-mi a tu-é u-ne vi-pè-re. re-né a vo-té.

rémi a tué une vipère. rené a voté.

8ᵉ LEÇON

C — c

ca, cu, co.

ca, cu, co.

é-cu, co-co, ca-ve, ca-nne, cu-ve,

écu, coco, cave, canne, cuve,

ca-ra-co. co-co a u-ne é-cu-ri e.

caraco. coco a une écurie.

ca-rré

Procédés : Que représente le dessin? — Un carré. — Avez-vous déjà vu quelque chose qui était carré ? Montrez dans la classe un objet carré. — Faire lire le mot **carré.** Il y a deux syllabes. La 1ʳᵉ **ca** ; elle renferme **a** que les enfants connaissent, et **c** qui est en rouge. — Former les syllabes **co, cu,** etc.

6ᵉ REVISION

t. n. m. p. r. v. c.

pe, te, re, ne, me, ve, co, pi, rè, ca, vu, ti, no,

pe, te, re, ne, me, ve, co, pi, rè, ca, vu, ti, no,

mè, vé, pa, pè, rè, ri, po, cu, pu, nu, ra, ro.

mè, vé, pa, pè, rè, ri, po, cu, pu, nu, ra, ro.

ca-ne, ca-na-pé, ca-na-ri, ro-co-co, ca-ro-tte,

cane, canapé, canari, rococo, carotte,

é-cu-me, ca-rè-me, ma-ca-ro-ni, ca-ra-va-ne.

écume, carême, macaroni, caravane.

co-co-tte a ru-é. ma-ri-a a râ-pé u-ne ra-ve.

cocotte a rué. maria a râpé une rave.

9ᵉ LEÇON

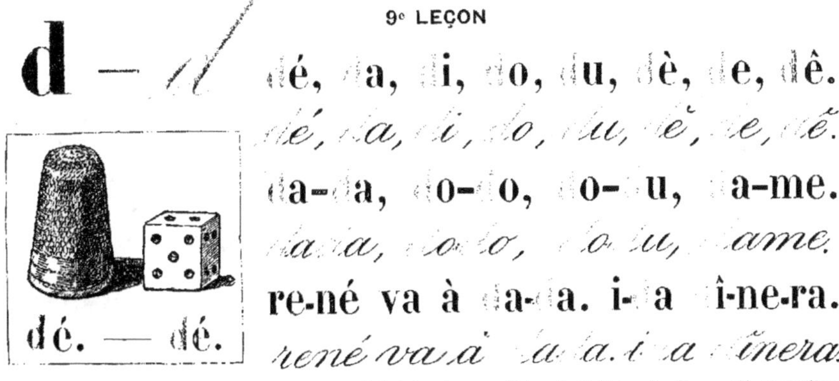

d —

dé, da, di, do, du, dè, de, dê.

da-da, do-do, do-du, a-me.

re-né va à da-da. i-a î-ne-ra.

dé. — dé.

Procédés : Que représente le 1ᵉʳ dessin ? — Et le 2ᵉ ? — Avec quoi fait-on le dé à jouer ? — Pourquoi la couturière met-elle un dé au doigt ? — Lire le mot **dé** ? — Former les syllabes **da, di,** etc. Le **d** manuscrit ressemble beaucoup à un **a**. — Écriture et dictée des syllabes, puis des mots

7ᵉ REVISION

da, ta, du, pi, tu, ro, né, me, te, co, tè, ri, mè,

mè, do, cu, ni, de, rè, pe, ve, pu, to, ra, di, vè.

du-ne, mi-di, ma-da-me, du-re-té, do-mi-no,

do-ru-re, é-tu-de, pa-na-de, dé-pu-té, nu-mé-ro.

mè-re dî-ne à mi-di, ré-mi a é-té dé-co-ré.

10e LEÇON

S — *s*

sa-pe

sa, su, so, si, sè, sê, sé, se.

sa, su, so, si, se, sê, sé, se.

sa-ra, se-mé, ti-ssu, pa-ssé.

sara, semé, tissu, passé.

si-do-nie ca-sse-ra sa ta-sse.

sidonie cassera sa tasse.

Procédés : Quel instrument représente le dessin ? Examinez-le bien, plusieurs d'entre vous l'ont déjà vu. C'est une ?... Sape. — A quoi ressemble la sape ? (A une petite faux.) A quoi sert-elle ? — Voici son nom : lisons-le. Quelle est la 1re syllabe ? — Former **su, so, si,** par analogie. — Écriture et dictée comme il a été dit déjà.

8e REVISION

t, n, m, p, r, v, c, d, s.

to, no, mo, po, ro, vo, co, do, so, du, ca, ve, ré,

to, no, mo, po, ro, vo, co, do, so, du, ca, ve, ré,

si, cu, vi, re, pa, ni, ta, vè, ru, dé, sa, se, tè.

si, cu, vi, re, pa, ni, ta, vè, ru, dé, sa, se, tê.

ru-ssie, so-mme, ma-sse, sé-vé-ri-té, ra-ti-ssé.

russie, somme, masse, sévérité, ratissé.

sa-va-te, se-ri-ne, a-ssi-du, co-sse, ca-sso-nade.

savate, serine, assidu, cosse, cassonade.

pa-pa se-ra sé-vè-re. si-mo-nne a re-pa-ssé.

papa sera sévère. simonne a repassé.

11ᵉ LEÇON

lo-to

lo, lê, li, le, la, lu, lé, lè.

lo, lê, li, le, la, lu, lé, lè.

a-li, é-lu, î-le, li-é, li-lle, li-las.

ali, élu, île, lié, lille, lilas.

é-mi-le a li-mé. la lu-ne a lu-i.

émile a limé. la lune a lui.

Procédés : Comment s'appelle le jeu représenté par le dessin ? Quel nom donne-t-on à chaque pièce de ce jeu ? (carton), et aux nombres qui y figurent ? (numéros). Nommez d'autres jeux.— Lisons le mot **loto**. Si nous retranchons **to**, il reste **lo** formé de la lettre **o** que vous connaissez et de **l** qui est en rouge ; ainsi **l** et **o** font **lo** ; si à la place de **o**, je mets **ê**, cela fera **lê**, etc. — Forme manuscrite de **l**, etc. — Le reste comme il a déjà été dit.

9ᵉ REVISION

t, n, m, p, r, v, c, d, s, l.

tu, no, mé, pe, ri, co, du, sa, li, lo, cu, de, su,

tu, no, mé, pe, ri, co, du, sa, li, lo, cu, de, su.

po, pu, tê, ni, ma, ru, rè, vo, ca, di, si, lu, se.

po, pu, tê, ni, ma, ru, rê, vo, ca, di, si, lu, se.

la-ma, mu-le, é-lè-ve, pa-ro-le, so-li-de, pi-lu-le,

lama, mule, élève, parole, solide, pilule,

ma-la-de, sa-la-de, é-co-le, li-mi-te, sa-li-è-re.

malade, salade, école, limite, salière.

li-a a sa-lé la sa-la-de. ré-mi a é-té ma-la-de.

l'élève va à l'école. le malade avale la pilule.

12e LEÇON

bo-a

bo, bé, bi, be, bê, bu, bè, ba.

bo, bé, bi, be, bê, bu, bè, ba.

ba-ba, bo-bo, bé-bé, bo-a, a-bbé.

ba-ba, bo-bo, bé-bé, bo-a, a-bbé.

bé-bé a bu. to-bie n'a pas o-bé-i.

bé-bé a bu. tobie n'a pas obéi.

Procédés : Comment s'appelle l'animal représenté sur la gravure? Combien les serpents ont-ils de pattes? — Comment font-ils pour marcher? — Le serpent que vous voyez et qui est très grand s'appelle, retenez bien son nom, un **boa**. — Lire ce mot et former, après avoir dégagé **bo**, les syllabes **bo, bé**, etc. — Ce **b** là est le **b** qu'on trouve dans les livres; sur les cahiers ou sur les ardoises, on le trace ainsi : *b*, etc. — Lecture des caractères manuscrits; dictée.

10e REVISION

t, n, m, p, r, v, c, d, s, l, b.

bo, bu, sa, di, co, vi, pu, lè, me, no, to, ti, nu, mè,

bo, bu, sa, di, co, vi, pu, lê, me, no, to, ti, nu, mê,

pé, ro, ca, dé, si, lo, bi, ba, le, ta, mi, po, re, de.

pé, ro, ca, dé, si, lo, bi, ba, le, ta, mi, po, re, de

bo-ssu, a-ra-be, bo-bi-ne, ca-ba-ne, la-va-bo,

bossu, arabe, bobine, cabane, lavabo;

bi-pè-de, ba-bi-o-le, ba-rri-ca-de, ca-ra-bi-ne.

tobie a rêvé, l'arabe a bu de la bière.

va-lè-re a dé-mo-li la pe-ti-te ca-ba-ne.

maria a sali sa robe, lia a vu le boa.

13ᵉ LEÇON

(1)

ho-tte

ho, he, hé, hè, hê, hi, ha, hu.

ho, he, hé, hè, hê, hi, ha, hu.

ha-lle, hô-te, ho-tte, hà-le, hé-li.

halle, hôte, hotte, hâle, héli.

hé-li a u-ne ho-tte, hé-lè-ne a lu.

héli a une hotte, hélène a lu.

Procédés : Vous connaissez l'objet représenté par le dessin? — Qu'est-ce que c'est? — A quoi sert ce panier? — En quoi est-il fait? — Comment le fixe-t-on sur le dos? (à l'aide de bretelles). — Lisez le mot « **hotte** » — Quelle est la première syllabe? Faire remarquer qu'elle se prononce comme si la lettre **o**, qui accompagne la lettre **h**, était seule. — Cette lettre **h** est nulle, c'est-à-dire qu'elle ne se fait pas entendre dans la prononciation. — Former les syllabes: **ho, he**, etc.

11ᵉ REVISION

vo, cu, ré, pi, ma, ne, do, ti, su, le, bé, ho, bu, hu,

vo, cu, ré, pi, ma, ne, do, ti, su, le, bé, ho, bu, hu,

ca, de, su, li, bo, ha, vu, ra, pi, me, no, ta, to, hi.

ca, de, su, li, bo, ha, vu, ra, pi, me, no, ta, to, hi.

hé-ros, ho-mme, hu-tte, hi-ppo-li-te, ho-no-ré,

héros, homme, hutte, hippolite, honoré,

ha-bi-tu-de, ho-no-ri-ne, hu-ma-ni-té, ha-bi-le.

théodule a bu du thé, va vite à la halle.

ho-no-ré a hé-ri-té. ho-no-re ta bo-nne mè-re.

honorine a habité une cahute humide.

14ᵉ LEÇON

j — *j*

ja, jé, ju, je, jï, jè, jo, jê.

ja, jé, ju, je, ji, jé, jo, jé.

ju-pe, jo-li, ju-ré, ja-tte, ju-ju-be.

jupe, joli, juré, jatte, jujube.

je me sa-lis. ju-de a je-té la ja-tte.

je me salis. jude a jeté la jatte.

ja-tte

Procédés : L'image représente quoi ? — En quoi est cette jatte ? — Avec quoi fait-on la faïence et la porcelaine ? — Vous connaissez l'objet ; vous savez donc lire son nom ? lisez-le. — Si nous retranchons **tte**, il reste **ja**, formé d'un **a** et d'un **j**. Un **j** et un **a** donnent **ja** ; si, à la place de l'**a**, nous mettons **é**, cela fera **jé**, etc. — Lecture du manuscrit. — Écriture et dictée des syllabes, puis des mots.

12ᵉ REVISION

t, n, m, p, r, v, c, d, s, l, b, h, j.

da, co, si, ri, lu, pe, bo, ma, hu, ni, ta, ju, di, cu,

da, co, si, ri, lu, pe, bo, ma, hu, ni, ta, ju, di, cu,

so, vu, ra, le, po, bi, ho, né, to, je, pi, ji, ba, lo.

so, vu, ra, le, po, bi, ho, né, to, je, pi, ji, ba, lo.

ju-ra, ja-rre, ju-li-a, ju-lie, jé-rò-me, jé-ré-mie.

jura, jarre, julia, julie, jérôme, jérémie.

je ju-re de di-re la vé-ri-té à ma mè-re.

je jure de dire la vérité à ma mère.

jé-rò-me a ca-ssé sa ta-sse. je dî-ne à mi-di.

julia a déjà sali le joli canapé. jules a juré.

g (dur) —

15e LEÇON

a, o, u.

a, o, u.

o- o, a-le, o-mme, ma-la- a.

o o, ale, omme, mala a.

u- u-sse a-lo-pe à la a-re.

u usse alope à la are.

g a-ffe

Procédés : Qui est déjà allé en bateau ? Comment s'appelle la perche dont on se sert pour pousser le bateau au large ? — Une **gaffe.** — Voici ce mot, lisez-le. Quelle est la 1re syllabe ? Si on ôte **a** que vous connaissez, il reste **g.** — Former les syllabes : **ga, go, gu.** — Le **g** manuscrit; le tracer en l'air avant de le faire sur l'ardoise. Que faut-il pour faire **ga, go, gu** ? Épelez : **gogo, gale,** etc.

13e REVISION

tu, né, me, pi, ro, vu, ca, di, sè, bo, hu, ja, ga,

tu, né, me, pi, ro, vu, ca, di, sé, bo, hu, ja, ga,

ta, nu, mè, po, ru, va, cu, dé, so, li, bi, hi, je, go,

ta, nu, mê, po, ru, va, cu, dé, so, li, bi, hi, je, go.

ma-got, bi-got, ga-mme, ri-go-le, ga-ro-nne,

magot, bigot, gamme, rigole, garonne,

ba-ga-rre, li-ga-tu-re, é-ga-li-té, lé-gu-me,

bagarre, ligature, égalité, légume.

la ca-va-le ga-lo-pe. jé-rò-me a je-té ma go-mme.

anatole a égaré le volume. gobe la pilule.

16ᵉ LEÇON

f — *f*

fo, fa, fé, fè, fi, fê, fu, fe.

fo, fa, fé, fè, fi, fê, fu, fe.

fè-ve, fi-ni, fé-tu, ca-fé, fo-ssé.

fève, fini, fétu, café, fossé.

fi-fi-ne a fi-ni. de la fi-ne fa-ri-ne.

fifine a fini. de la fine farine.

fu-mée

Procédés : Que représente la gravure ? — (Une locomotive). — Qu'est-ce qui sort en abondance par la cheminée ? — (De la fumée). — Lisez ce mot. Quelle est la 1ʳᵉ syllabe ? Vous connaissez **u** ; l'autre lettre qui est en rouge, c'est **f**. Ainsi **f** et **u**, cela fait **fu**. Si à la place de l'**u** on met **o**, on aura **fo**, etc.

14ᵉ REVISION

t, n, m, p, r, v, c, d, s, l, b, h, j, g, f.

fa, go, ju, té, bi, ca, vé, dè, li, ho, mè, fu, ro, ta,

fa, go, ju, té, bi, ca, vé, dè, li, ho, mè, fu, ro, ta,

hi, hé, pé, ri, mo, ja, du, vi, be, hu, je, ga, fi, co,

hi, hé, pé, ri, mo, ja, du, vi, be, hu, je, ga, fi, co,

fe, pi, te, tè, fe. — fo-sse, fè-te, dé-fi, fi-o-le,

fe, pi, te, tè, fe. — fosse, fête, défi, fiole.

fo-lle, fi-dè-le, fa-vo-ri, dé-fi-lé, fé-cu-le, ca-ra-fe.

filature, figurine, calorifère, filasse, fidèle.

la fa-mi-ne sé-vi-ra. la fè-ve fa-ne-ra. je fa-go-te.

le calorifère de l'école a été allumé à midi.

17° LEÇON

Z —

10
z é-ro

zé, zi, ze, zo, zê, za, zè, zu.

zé, zi, ze, zo, zê, za, zè, zu.

zé-ro, zo-é, ga-ze, zé-li-a, zé-lie.

zéro, zoé, gaze, zélia, zélie.

zé-li-a a ô-té le zé-ro. zo-é lit.

zélia a ôté le zéro. zoé lit.

Procédés : Voici deux chiffres : comment s'appelle celui qui est à gauche ? Et celui qui est en rouge ? Que vaut le chiffre 1 avec ce zéro ? Que vaut le chiffre 2 avec un zéro à sa droite ? Le chiffre 4 ? Le chiffre 5 ? — Lisons ensemble le mot **zéro.** La 1ʳᵉ syllabe **zé,** se compose d'un z et d'un é. A la place de **é,** je mets i, e, **o,** etc., et nous avons alors les syllabes : **zi, ze, zo,** etc. — Le **z** manuscrit, etc.

15° REVISION

t, n, m, p, r, v, c, d, s, l, ...

co, pa, hè, te, ri, no, mu, lé, dè, vè, ca, ho, be, sé,

co, pa, hè, te, ri, no, mu, lé, dè, vè, ca, ho, be, sé,

jè, go, fi, zi, za, pe, té, ré, mi, mo, ta, da, ve, bi,

jè, go, fi, zi, za, pe, té, ré, mi, mo, ta, da, ve, bi,

su, hu, ne, ma. — la-za-re, bi-za-rre, a-zu-ré,

su, hu, ne, ma — lazare, bizarre, azuré,

zi-be-li-ne. — la-za-re a re-cu-lé le zé-ro.

zibeline. — lazare a reculé le zéro.

zo-é a é-té tè-tue, ma mère la pu-ni-ra.

la petite zélie a une jolie robe de gaze.

18ᵉ LEÇON

X — xe, xi, xa, xé, xê, xo, xè, xu.

xe, xi, xa, xé, xê, xo, xè, xu.

a-xe, ta-xe, ri-xe, bo-xe, lu-xe.

a-xe, ta-xe, ri-xe, bo-xe, lu-xe.

la ta-xe fi-xe. ma-xi-me é-tu-die.

la taxe fixe. maxime étudie.

fi-xe !

Procédés : Quel nom donne-t-on à la personne qui est représentée sur la gravure ? — C'est un soldat. — Marche-t-il ou reste-t-il immobile ? — Que disent les chefs pour donner aux soldats l'ordre de ne plus bouger ? — Ils disent : **fixe !** — Voici ce mot : lisez-le. — Quelle est la deuxième syllabe ? — **xe.** — Vous connaissez **e** ; l'autre lettre en rouge s'appelle **x.** Ainsi **x** et **e,** cela fait **xe** : si à la place de l'e je mets **i,** cela fera **xi,** etc. — Lecture, écriture, épellation, dictée.

16ᵉ REVISION

a, m, p, r, v, c, d, s, l, b, h, j, g, f, z, x.

vo, ca, bé, le, zi, he, da, mi, no, su, ri, té, hu, zo,

vo, ca, bé, le, zi, he, da, mi, no, su, ri, té, hu, zo,

je, ju, po, gu, fa, xa, pu, ti, na, mè, lu, du, vu, cu,

je, ju, po, gu, fa, xa, pu, ti, na, mè, lu, du, vu, cu,

xu, bo, to, jo. — ma-xi-me, fi-xé, sa-xo-nne.

xu, bo, to, jo. — maxime, fixé, saxonne.

ho-no-ré a co-pié la ma-xi-me de mo-ra-le.

honoré a copié la maxime de morale.

sa-ra é-vi-te le lu-xe. lia a u-ne ca-ra-fe de sa-xe.

ma bonne mère fixera la date de sa fête.

19ᵉ LEÇON

k —   é, o, e, i, è, ê, u, a.

é, o, e, i, è, ê, u, a.

le i-lo, du co- e, du mo- a.

le ilo, du co e, du mo a.

le joli é-pi, lé-a a du mo a.

le joli épi, léa a du mo a.

ké-pi

Procédés : Que représente l'image ? — Qu'est-ce qu'un képi ? (Une coiffure). — Nommez d'autres coiffures ? — Comment appelle-t-on celui qui vend ces coiffures ? — Ainsi l'image représente un képi. Voici son nom : lisons-le. — Quelle est la première syllabe ? — Quelle est la lettre que vous connaissez ? — L'autre qui est en rouge se nomme k. Un k et un é, cela fait ? — Avec un a, cela fera ? etc. — Ce k est celui qu'on trouve dans les livres. Sur les cahiers, voici comment on le fait : *k.* — Former *ke, ka, ké,* etc., puis les mots et les phrases. — Dictée de syllabes et de mots comme il a été dit déjà.

20ᵉ LEÇON

p , t , r , n , m , la, l , do, vu, co, h ,

p, t, r, n, m, la, l, do, vu, co, h,

b , se, ja, go, f , x , zu, ko, pa, tu, ri,

b, se, ja, go, f, x, zu, ko, pa, tu, ri,

no, mu, la, j , de, vo, bé, s , jé, gu.

no, mu, la, j, de, vo, bé, s, jé, gu.

-ves, ba-b , ka-b -le, ré-m , hi-ppo-l -te.

ves, bab, kab le, rém, hippol te.

to-m a a-va-lé de la fé-cu-le de ta-pi-o-ka.

le petit hippol te ramasse du coke.

Procédés : Faire remarquer que cette lettre qu'on voit pour la première fois a, en lecture, la même valeur que l'i, — lui donner son nom d'i grec. — Cette leçon a pour but, en même temps, de reviser les consonnes.

17ᵉ REVISION

zélia, ta mère te fera une robe à la mode. — caroline a déjà semé de la salade hâtive. — l'élève puni sera retenu. — le malade a avalé la pilule amère. — l'ami fidèle sera béni. — maxime a égaré le képi de joly. — le député fixe la taxe. — l'honnête homme a été assassiné. — éléonore a fêlé la carafe. — papa dînera à midi. — jérôme ira samedi à la gare. — numa a sali le calorifère de l'école. — l'habile pilote a ramené le navire.

Une remarque est nécessaire avant de commencer la 2ᵉ partie de la méthode. Au lieu d'étudier en bloc l'alphabet majuscule, comme on fait généralement — ce qui constitue une grosse difficulté, surtout pour l'écriture — nous avons réparti cette étude sur un certain nombre de leçons et nous ne voyons qu'une majuscule à la fois. C'est d'ailleurs le seul caractère nouveau à écrire. Tous les noms de personnes figurent avec une lettre majeure ; on le fera remarquer aux élèves.

ch —

2me PARTIE. — ARTICULATIONS COMPOSÉES

21e LEÇON

Articulation ch. — Majuscule A.

che-mi-née

che, cha, chi, ché, chè, cho, ché, chu.

châ-le, cho-pe, po-che, chê-ne,

ri-che, va-che, ha-che, bê-che, chat.

A-chi-lle a a-che-té la va-che d'A-na-to-le.

Procédés : Vous voyez parfaitement ce que représente le dessin ? — (Une grande cheminée). — Où avez-vous vu de ces grandes cheminées ? — Lorsqu'on balaye une cheminée, que tombe-t-il ? — Lisez le mot **cheminée**. Combien de syllabes ? Quelle est la première ? — **che** est formé de **e** et de **ch**. Ainsi quand il y a **ch** et **e**, cela fait **che** ; si à la place de l'**e**, je mets **a**, cela fait **cha**, etc. — **ch** est formé de **c** et de **h**. Épeler **cha**, **cho**, etc. — **châle**, **chope**, etc. — Écrire quelques-uns de ces mots. — Étude de la majuscule.

18e REVISION

Articulation ch. — Majuscule Ch.

ru-che, bi-che, pê-che, ché-ri, bû-che, cha-sse,

cha-cu-ne, cha-ri-té, cho-pi-ne, chi-ca-ne, é-cha-sse,

Ma-ri-a-nne a ta-ché le fi-chu de Mé-la-nie.

che-mi-ne à cô-té de ta mè-re. ca-che la ha-che.

22e LEÇON
Articulation gn. — Majuscule N.

gne, gni, gné, gna, gno, gnè, gnu.

vi-gne, li-gne, si-gné, ba-gne,

ga-gné, a-li-gné, di-gni-té, po-lo-gne.

ti-re u-ne li-gne. Nu-ma a co-gné sa tê-te

Procédés : Le dessin représente quoi ? — Quelle espèce de ligne est-ce ? — Nommez deux autres sortes de lignes. — Tracez une ligne courbe, une ligne brisée. — Montrez une ligne perpendiculaire, deux lignes parallèles. — Lisez le mot **ligne**. — Combien de syllabes ? — La deuxième, **gne**, comprend **e** et **gn**. — Former les syllabes. — Dicter des mots qu'on épelle comme il a déjà été dit, puis qu'on écrit sur l'ardoise.

19e REVISION
Articulations ch, gn. — Majuscule I

cho, gna, gni, ché, che, chu, gné, gne, cha, gno.

rè-gne, co-gnée, ro-gné, mi-gno-nne, si-gna-lé,

la pe-ti-te I-rè-ne a i-mi-té ma si-gna-tu-re.

le na-vi-re si-gna-lé a é-té jeté à la cô-te.

la vi-gne-ro-nne a a-che-vé sa rude tâ-che.

23ᵉ LEÇON

Articulation . — Majuscule .

ill —

te-na- e

e, u, é, a, è, i, ê, o.

e, u, é, a, è, i, ê, o.

ba- i, ca- e, ta- e, ma- e, fa- e,

ba i, ca e, ta e, ma e, fa e,

u-lie a la-vé le ma- ot du bé-bé.

érôme a mérité une méda e.

la ca- e se ca-che. u-de a vi-dé la fu-ta- e.

Jules a ta é la pa e. La machine déra e.

Procédés : L'image représente quel instrument ? — A quoi sert la tenaille ? — Quels sont les ouvriers qui s'en servent ? — Lisez le nom de l'objet. — Quelle est la première syllabe, la deuxième, la troisième ? — Cette dernière est formée de **e** et de **ill** en rouge. — Former **illu**, **illé**, etc. — Étude de la majuscule **J**.

20ᵉ REVISION

Articulations , . . — Majuscule

cha, gno, illé, gni, illu, chu, chi, gne, illa, cho,

cha, gno, illé, gni, illu, chu, chi, gne, illa, cho,

gna, gné, illi, chy, illo, illè, ché, gnu, gny, illy.

gna, gné, illi, chy, illo, illè, ché, gnu, gny, illy.

ba-ta-ille, é-ca-ille, ca-na-ille, se-ma-ille,

limaille, volaille, futaille, muraille, faillite,

pa-illa-sse, ro-ca-ille.— o-no-ré ta-ille la vi-gne.

ne casse pas la tenaille. lave la muraille.

Ni-co-las a ga-gné la mé-da-ille à la ba-ta-ille.

Honorine a acheté une volaille. Hélène a bâillé.

gu — *gu*

24ᵉ LEÇON
Articulation gu. — Majuscule T.

gué-ri-te

gue, gua, guê, gui, gué, guè.

gue, gua, guê, gui, gué, guè.

gui, guê-pe, gui-de, do-gue, fi-gue.

vague, bègue, digue, fatigué.

la di-gue a-rrê-te-ra la va-gue.

la guêpe se régale de la figue.

To-bie a u-ne ba-gue. le bè-gue a é-té gué-ri.

Théodule a lié le dogue de Théodore.

Procédés : Quel est l'objet représenté par le dessin ? — Qui se met dans la guérite ? — Pourquoi le **soldat**, le douanier se placent-ils là ? — Lisez le mot **guérite**. — Partant de **gué**, former les autres syllabes, etc.

21ᵉ REVISION
Articulations ch, gu, ill, gu — Majuscule V.

cha, gna, illu, chu, gnu, illé, gui, gué, illo, illè,

cha, gna, illu, chu, gnu, illé, gui, gué, illo, illè.

chy, guê, gue, gni, gno, gne, gua, gny, illa.

chy, guê, gue, gni, gno, gne, gua, gny, illa.

gui-gne, gué-ri-te, sa-ri-gue, gui-ta-re, gui-pu-re,

bague, collègue, fatigue, catalogue, dialogue.

Va-lè-re a a-che-té u-ne jo-lie pi-ro-gue.

le navire a chaviré. ne cogne pas la guérite.

ne ta-che pas la gui-pu-re. A-chi-lle gué-ri-ra.

Valérie a déchiré la poche de sa robe.

25ᵉ LEÇON

Articulations cl, bl, fl, gl et pl — Majuscule C

cl — *cl*

clé

clé, cle, cla. — blo, bli, ble. — fli,

clé, cle, cla. — blo, bli, ble. — fli,

flé, flo. — glo, gle, gli. — plu, pla.

flé, flo. — glo, gle, gli. — plu, pla,

sa-ble, câ-ble, bi-ble, fa-ble, clo-che.

nè-fle, bu-ffle, flûte, globe, règle.

Na-na a vu la fla-mme. Cla-ra a su sa fa-ble.

Aglaé cache la plume, la règle de Clarisse.

Procédés: Que représente le dessin? — A quoi sert la clé? — En quoi est-elle? — Comment s'appelle l'ouvrier qui fabrique des clés et des serrures ? — Lisez le mot **clé**. — Former les syllabes **cle**, **cla**, etc. — Quand il y a un **c** et un **l**, cela fait **cl**; si à la place du **c**, je mets un **b**, cela fera ? (**bl**). — Procéder de même pour avoir **fl**, puis **gl**, puis **pl** en formant les syllabes au fur et à mesure. Nombreuses explications.

22ᵉ REVISION

Art. ch, gn, ill, gu, bl, cl, fl, gl, pl — Maj. C

chu, gno, ille, gui, ble, cly, flo, glé, plu, che,

chu, gno, ille, gui, ble, cly, flo, glé, plu, che,

gna, illu, gue, blu, clo, fle, gla, pli, blé.

gna, illu, gue, blu, clo, fle, gla, pli, blé.

bla-gue, flo-tte, blâ-me, bû-che, flè-che, blê-me.

plat, miracle, étable, glissade, aplati, planète,

vi-gno-ble, a-ffa-ble. — Lé-o-nie ta-ille la plu-me.

Catherine a attaché la vache à l'étable.

la flo-tte a na-vi-gué. La-za-re a é-té à Na-ples.

Léa a jeté du sable à la tête de Jules.

26ᵉ LEÇON

Articulations — *Majuscule* D

i, u, é, o. — cra, cri, cro,
é, i, a, dru. — fry, fro, fre.

ca-dre, dro-gue, a-bri, bru-me.

Do-ro-thée a dé-chi-ré sa robe. su-cre ta crè-me.

Procédés : Vous voyez tous que le dessin représente une? — (une tête de cheval). — Avec quoi conduit-on les chevaux? — Comment appelle-t-on la partie de la bride qui se met dans la bouche du cheval? — Lire le mot **bride**. — La 1ʳᵉ syllabe **bri** est formée de **br** et d'un **i**. — Former les autres syllabes. — Quand il y a un **b** et un **r**, cela fait **br**; si, à la place du **b**, je mets un **c**, nous aurons? (**cr**); en y ajoutant un **a**, cela fera **cra**, un **i**? **cri**, etc. — Former de même les articulations **dr** et **fr** et les syllabes **drè**, etc., **fry**, etc.

23ᵒ REVISION

Art. — *Maj.* E

gua, cho, gné, ille, gui, blé, clu, flé, gle, pli,

dru, bra, cre, fri, cro, bré, dra, pre, flo, cla.

fri-cot, cru-che, cra-chat, bre-bis, cro-sse.

bre-ta-gne, dra-pe-rie, ma-ssa-cre, cro-co-di-le.

É-mi-li-a a a-che-té u-ne jo-lie cra-va-te.

27e LEÇON

Articulations — *Majuscule*

a, o, i, é. — a, e, u.

a, o, i, é. — a, e, u.

o, u, i, é. — a, e, é.

o, u, i, é. — a, e, é.

gra-ppe

...nè- e, i-ve, ti- e, a-de, u-ne,

...o e, li e, mé e, vi e, icot,

O-vi-de a le-vé la ...o-sse ...a-ppe de la ca-ve.

...dile a ...ié du café ûlé. ...availle vite.

Procédés : Que représente la gravure ? — Que fait-on avec le raisin ? — Comment s'appelle la plante qui produit le raisin ? — Connaissez-vous une autre plante dont les fruits sont en grappes ? (groseillier.) — Faire lire le mot : **grappe**, faire reconnaître l'articulation **gr**, former les autres articulations par analogie, et les syllabes comme précédemment. — Étudier la majuscule **O**.

24e REVISION

chu, gno, illa, gue, bli, clu, flé, glo, ple, bra, cro,

chu, gno, illa, gue, bli, clu, flé, glo, ple, bra, cro,

fri, cré, gru, pri, try, pru, gre, fra, tro, vru.

fri, cré, gru, pri, try, pru, gre, fra, tro, vru.

guê-tre, prê-tre, gros, gro-tte, gra-ppe, chè-vre.

prix, pupitre, propreté, apôtre, gravure.

gri-ffe, pra-li-ne, pri-è-re, fi-è-vre, pa-trie.

Denis honore sa patrie, Jules a la fièvre.

Bru-no a ga-gné u-ne jo-lie gra-vu-re à la fê-te.

Émile a prêté sa cravate tricolore à ...énoni.

28ᵉ LEÇON

Articulation st, sc, sp, sb, scr, str. — Majuscule **R**.

st —

stè-re

sté, sty, stu, sco, sca, spé, spi, sbi,

sté, sty, stu, sco, sca, spé, spi, sti,

scre, scru, scri, stra, stru, strè.

scre, scru, scri, stra, stru, strè.

sto-re, sty-le, sta-tue, po-ste, a-stre.

store, spirale, scrupule, ministre.

Ré-mi a re-le-vé le sto-re de la fe-nè-tre.

René lit le manuscrit. Aristide va à la poste.

Procédés : Que représente la gravure ? — Vous ne savez pas. C'est un stère dans lequel on mesure du bois à brûler. — J'écris son nom : lisez-le ? — Combien de syllabes ? — Quelle est la première ? (sté) — J'efface è et je mets i, cela fera ? — (sti), etc. — Revenons à la syllabe **sté**. Quand j'efface è il reste **st**. — Si à la place de **t** je mets c cela fera **sc**., et ainsi de suite pour les autres articulations, qu'on ne fera trouver qu'après avoir formé les syllabes composées des voyelles et des articulations étudiées. — Exercices de décomposition. — Que faut-il pour faire, **st sc**, **sb**, etc. ?

25ᵉ REVISION

ch, gn, ill, gu, bl, cl, fl, gl, pl, br, cr, dr, fr, gr, pr, tr, vr, st, sc, sp, sb, scr, str.   **F**.

spi, cha, gno, illé, gue, blu, clo, fli, gly, plu,

spi, cha, gno, illé, gue, blu, clo, fli, gly, plu,

dra, sbi, bre, scri, fro, tri, gré, gna, pru, stra,

dra, sbi, bre, scri, fro, tri, gré, gna, pru, stra,

cri, vre, sté, sco, scru. — tri-ste, sté-ri-le,

modiste, droguiste, aspérité, asticot,

stu-pi-di-té, sta-bi-li-té, sté-ri-li-té, dé-ca-stè-re.

brûle l'épi stérile, stimule ton petit frère.

Flo-ra a fra-ppé l'â-ne. Nu-ma a ca-ssé le lu-stre.

Flore a arraché de la salade de scarole.

3ᵉ PARTIE. — VOYELLES COMPOSÉES
29ᵉ LEÇON
Son ... — Majuscule ... (1).

OU —

s..., p..., c..., f..., m..., j..., b...,
l..., n..., z..., g..., h..., n..., t...,
c...-c..., j...-j..., hi-b..., l... p,
p... le, b... le, f... le, s... pe, s... ris,
m...-sse, r...-te, v...-te, a-ca-j....

Le fil... a volé le riche bij....

Pri-vat a r...-lé la b...-le. É-c...-te le c...-c....

Titus a ôté la m...sse de la muraille.

Procédés : Le dessin représente quoi ? — Quelle est la valeur de cette pièce (cinq centimes). Lisez le mot.
— Quand il y a s et le son **ou**, cela fait **sou**. Si à la place de s je mets **p**, cela fera **pou**, etc. — Que
faut-il pour faire **pou** ? — **mou** ? **sou** ? — Épelez coucou, joujou, etc.

26ᵉ REVISION
Son ... — Majuscule ...

pou, roue, sou, boue, vous, doux, fou, goût.
bouilli, fouillis, double, bouche, couche,
bou-cle, dou-che, mou-che, fou-dre, pou-dre,
coudre, soufre, gouffre, fougue, couple,
sou-ple, gou-tte, lou-tre, pou-tre, dou-ze,
étoupe, souillure, grenouille, chaloupe.
Gu-sta-ve a tou-ché à la roue de la ma-chi-ne.
Goûte la soupe. La houle a coulé la chaloupe.
La fou-dre a brû-lé l'é-ta-ble à va-ches.
Ne déchire pas la doublure de ta robe.

---

(1) Dorénavant tous les noms propres commenceront par une lettre majuscule, ainsi que la première lettre de
chaque phrase.

30e LEÇON

Son   — *Majuscule*

v , b , c , d , f , gan, jan.

k , l , m , n , p , s , t .

s -té, ru-b , ty-r , banc, é-tang.

t te, b de, m te, d nse, g nse.

Ma-m coud la g -se à sa man-te.

Am dem de une am nde.

Le Ka-by-le a bu à la s -té de ma tan-te.

La Kabylie abrite une foule de brigands.

Procédés : Que représente le dessin ? — **un van.** — A quoi sert cet instrument ? — Comment s'appelle l'ouvrier qui le fabrique. — Lire le mot, puis former les syllabes **ban, can, dan,** comme précédemment. — Nombreux exercices d'épellation et de dictée orale.

27e REVISION

Sons   — *Majuscule*

pou, man, ran, sou, lou, lan, ban, bou, cou, can.

dou, dan, fan, gan, han, jou, kou, ran, san, tou.

san-gle, an-tre, pa-ssant, an-gle, dou-blu-re,

langue, brigand, manche, panthère, pantoufle.

ou-ra-gan, cou-rant, é-pou-van-té, sou-ri-ant,

étudiant, triangle, réprimande, dimanche.

L'ou-ra-gan a tout dé-va-sté dans la vi-lle.

La foudre a jeté l'épouvante dans la foule.

Sa-bi-ne ra-cco-mmo-de-ra la pan-tou-fle.

La maman de Sara recoudra le ruban.

oi — *oi*

31ᵉ LEÇON
Son oi. — Majuscule U.

poi-re

voi, toi, soi, roi, poi, noi, moi, loi,
joi, foi, hoi, doi, bou, coi, goi, koi.
pa-roi, foie, joie, oie, soie, voi-le,
moine, boire, voix, pois, mois,
a-voi-ne, toi-tu-re, coi-ffe, moi-re.
Obéis à la loi. Elo coupe la poire.
U-ly-sse ô-te la toi-le noi-re de la voi-tu-re.
Uranie a une coiffure noire. Léa boira.

Procédés : Vous savez le nom du fruit représenté sur la gravure? — Comment se nomme l'arbre qui donne des poires? — Quand vous mangez une poire, que trouvez-vous au milieu du fruit? (des petits grains qu'on appelle pépins). — Former les syllabes comme précédemment. — Épellation de mémoire : Que faut-il pour faire : **moi, poi,** etc. ?

28ᵉ REVISION
Sons ou an oi. — Majuscule Z.

bou, ban, boi, can, cou, dan, dou, doi, fan, gou,
joi, han, koi, lou, lan, loi, man, nan, poi, roi,
rou, sou, tan, tou, voi, xan, vou, zou, zoi.
charroi, poigne, poix, houille, goître, poivre,
é-toi-le, cha-noi-ne, poi-vra-de, poi-tri-ne,
noirâtre, poignée, obligatoire. Dépêche-toi.
Zé-lie, tou-te dé-vou-ée, soi-gne-ra le ma-la-de.
Zizi écoutera l'histoire de Gribouille.
Pa-sse-moi trois bo-ttes de pa-ille d'a-voi-ne.
Une tache a souillé la coiffure de l'étudiant.

32e LEÇON
Son in. — Majuscule Y.

mou-lin

lin, din, rin, sin, pin, vin, zin, bin.

fin, min, nin, tin, jin, kin, xin.

sa-pin, la-pin, ma-lin, ma-tin, pé-pin,

ravin, rhin, satin, venin, bassin,

in-de, a-ssa-ssin, in-vi-té, pi-co-tin.

Mathurin boit du vin le matin.

Y-ves le ma-rin a in-vi-té Cré-pin à sa fê-te.

Yvonne a mis le matin sa robe de satin.

Procédés : Quel est le nom de la machine représentée plus haut ? — A quoi sert le moulin ? — Décomposer en **mou** et **lin**. La dernière syllabe est formée de l et du son **in**. Si à la place de l je mets **d**, avec **in** cela fera ? (**din**): r et **in**, cela fera ? (**rin**), etc.

29e REVISION
au, an, oi, in.

zou, man, moi, min, loi, nin, ban, bin,

roi, san, rin, bin, can, din, dou, fou, fin,

gan, hou, jin, cou, kou, lan, mou, moi, pou,

vin, voi, van, vou, zan. — moulin, boudin,

che-min, cou-ssin, fre-tin, gre-din, é-pin-gle,

seringue, Antonin, chérubin, fantassin.

L'ou-ra-gan a a-ba-ttu le sa-pin du mou-lin.

Antonin achète de la viande nourrissante.

Le bra-ve fan-ta-ssin a a-rrê-té l'a-ssa-ssin.

Le méchant gamin a couru après Maximin.

33ᵉ LEÇON
Son

m , t , s , p , b , d , f ,
n , p , g . – bât , mout ,
r d, p t, n , b -de, m -de,
gaz , mel , li , sav , can ,
pou-p , bi-d , b -té, ba-ll .

Le li a dévoré ze mout s.

Le pe-tit Lé— é-cou-te le r -r du chat.

Chat du le mout . Voilà du b sav .

Procédés: Que représente la gravure? A quoi sert la montre? Parlez du cadran, des aiguilles, des rouages. — C'est une montre, voici son nom, lisez-le. La première syllabe est formée de **m** et de **on**. — Former les syllabes: **ton. son.** etc. Lecture, épellation, écriture, etc.

30ᵉ REVISION

ron, man, noi, lin, pon, poi, ban, bon, boi, con, din, coi, cou, dan, fin, goi, han, jon, jan, moi, pan, zon. — cha-pon, on-cle, on-gle, pla-fond, profond, fondre, longue, dindon, coupon, bou-ton, Ton-kin, pan-ta-lon, vi-gne-ron.

Léon donne du mouron à mon pinson.

Le poi-sson a-bon-de dans la ri-vi-è-re.

Léandre a cassé sa montre samedi matin.

Mon on-cle le vi-gne-ron a tai-llé sa vi-gne.

Le canon a vomi la mitraille à la bataille.

un — *un*

34ᵉ LEÇON
*Son **un**.*

1

un

bun, cun, dun, fun, gun, hun, jun,
lun, mun, pun, run, sun, tun.
lun-di, a-lun, co—mmun, dé—funt.
Simon m'a donné de l'alun.
Flo-re a a-che-té du lin à Me-lun.
Antoine ira lundi à l'école.
Si-mé-on a ra-ma-ssé un bou-ton de na—cre.
Vénère la mémoire de ta tante défunte.

Procédés : Comment s'appelle le chiffre représenté ci-dessus ? Si on mettait un zéro à sa droite, qu'est-ce que cela ferait ? Et si le zéro était à gauche ? Le nom de ce chiffre s'écrit comme ceci : **un**, lisez ce mot. — Ainsi le son *un* est formé de deux lettres **u** et **n**. Si on met un **b** devant **un**, cela fera ?... et un **c** ?... etc. — Lecture, puis décomposition. Exemples : Quelles lettres faut-il pour faire **un** ? Et pour faire **bun** ? **cun**, etc.

31ᵉ REVISION
ou, an, oi, in, on, un.

bon, dan, coi, cou, can, boi, fan, fun, bun, doi,
jon, lun, min, noi, nun, pou, lou, roi, sin, son,
sou, tun, toi, vou, cun, zoi, vun, gan, kan.
chacun, tribun, chaton, piéton, gradin,
un pan-tin, un scru-tin, a-ban-don-né.
Flora a donné le pantalon du défunt.
Nous a-vons é-cou-té l'ha-bi-le tri-bun.
Chacun de vous, amis, obéira à l'école.
Le cha-rron a ro-gné le man-che d'un ou-til.
Un fripon a volé la montre d'un passant.

eu – *eu*

35ᵉ LEÇON
Sons eu, œu.

feu

meu, beu, feu, veu, peu, deu, nœu,
reu, heu, veu, jeu, leu, seu, œu,
a-veu, meu-le, seu-le, deux, jeu-ne,
veuve, jeudi, neveu, demeure,
é-meu-te, meu-niè-re, mi-neu-re.
Léonie ira jeudi à ta demeure.

La jeu-ne veu-ve a suivi seu-le le con-voi.

Demande un peu de feu à mon neveu.

Procédés : Que voyez-vous sur la gravure ? — Du feu. — Que produit le feu ? — De la chaleur, de la lumière, de la fumée. — Avec quoi fait-on du feu ? — Lisez-le mot écrit sous le dessin. Retranchez f, il reste le son **eu**, qui se prononce comme **e**. Former les syllabes comme précédemment. — Dire que : **œu** = **eu**.

32ᵉ REVISION
ou, an, oi, in, on, un, eu, œu.

bou, boi, bin, bou, beu, meu, non, pin, peu, son,
ran, ron, pan, pon, teu, zin, fou, gan, heu, joi.
feu-tre, meu-ble, nœud, peu-reux, heu-reux,
pinson, boiteux, aveugle, manœuvre, feuille.
An-dré a ra-ma-ssé le bâ-ton de l'a-veu-gle.
La couleuvre se cachera dans le buisson.
Le frè-re d'A-dè-le a sou-illé son feutre.
Tu seras heureux si tu veux être laborieux.
Lé-o-ca-die ba-ttra le beu-rre jeu-di.
On sonne la cloche de l'école à deux heures.

ai — ////

36e LEÇON
Sons ai, ei

ba-lai

bai, dai, rai, sai, tai, jai, gai, nai,
rei, mei, pei, vei, tei, fei, dei, lei.
balai, débri, étui, peine, poigne.
ai-le, laid, mo-nnaie, rei-ne, vei-ne,
seine, faible, baleine, syllabaire.
J'ai con-clu u-ne bo-nne a-ffai-re.
Mon oncle a été seize ans maire de sa commune.
Hi-lai-re a u-ne fio-le plei-ne de vi-nai-gre.
Le marin a été à la pêche à la baleine.

Procédés : Que représente le dessin ? — Lisez le nom. — De **lai** par analogie passez à **bai, dai,** etc., puis expliquez que **ei** comme **ai** donne le son **è**. Faites lire **rei, mei, pei,** etc. — Après lecture, écriture puis épellation.

---

oin — /////

37e LEÇON
Son oin.

coin

join, goin, soin, loin, foin, moin,
poin, vein, bein, tein. — témoin,
poing, joint, poin-tu-re, re-coin,
moins, peinture, peindre, rejoindre.
J'ai ta-ssé le foin dans le re-coin.
Le fantassin a rejoint le peloton.
An-to-nin n'a pas soin de son sy-lla-bai-re.
Thomas a donné un coup de poing à Léon.

Procédés : Avez-vous déjà vu fendre du bois ? Comment se nomme le morceau de fer sur lequel on frappe et qui s'enfonce dans la bûche ? Personne ne sait ? C'est un **coin.** Voici ce mot, lisez-le. — Décomposer en **o** et en **oin.** — Former les autres syllabes. — Épellation de mémoire.

38ᵉ LEÇON

combinés avec   etc.

ou, on, an, in, un, ou,
an, ou, an, on, an, on.
ou, an, ond, and, ou- ou,
anc, ou ou, bou on, cha in
ou-pe, ca- ou, bou- on, oû-te.

Ma-thieu a ou-é u-ne an-che de sa-pin.
Lé-a a a-che-té un man- on un à la foi-re.

Procédés : Quel est le nom de l'objet représenté ? Comment s'appelle l'ouvrier qui fait les clous ? — La combinaison des sons **ou, an,** etc., avec les articulations composées se comprendra facilement parce que les élèves ont déjà étudié ces sons combinés avec les articulations simples. Faire beaucoup d'exercices d'épellation. — Quelles lettres faut-il pour avoir **ou** ?... et **cr** ?... et **crou** ?. etc.

39ᵉ LEÇON

combinés avec   etc.

oi, eu, ai, eu, ei, ai, eu,
ei, oi, ai, ai, eu, oi.
bou- oi-re, hé- eu, li- ai-re.

Ma-de-lei-ne a-chè-te-ra jeu-di un ru-ban leu.
Clai-re, bro-sse ta ro-be ei-ne de pou-ssiè-re.

Procédés : Comme ci-dessus.

4ᵉ PARTIE. — SYLLABES INVERSES

40ᵉ LEÇON
Syllabes inverses : **ab, ac, ad, af, ag, al, ap, ar, as, at.**

sac

bab, bac, gad, gaf, lac, val, cap, mal,
car, bar, tar, sac, mar, char, truc,
cal-me, che-val, bar-be, mar-ché,
carte, garde, carpe, total, canard,
ar-me, fru-gal, ca-nal, bru-tal,
marchand, amiral, rhubarbe.

Gas-pard a har-na-ché le gros che-val bai.

Pascal a pris une jolie carpe dans le canal.

Procédés : Que représente l'image ? Que met-on dans un sac ? Comment s'appelle un petit sac ? — (Un sachet). — Voici le nom de l'objet, lisez-le. Dans ce mot il y a s et ac qu'on lit : *a c = ac*. Remplacer c par b ; on a ab ; par d, cela fait ad, etc. Placer alors les consonnes b, g devant les inverses et former bab, bac, etc.

41ᵉ LEÇON
Syllabes inverses : **eb, ec, ed, ef, eg, el, ep, ev, es, et, ex.**

bec

bec, sec, sel, ver, lex, lec, pel, nel,
per, res, nel, del, her, cher, chec.
fer, mer, sel, bec, chef, her-be,
veste, index, appel, cruel, verre,
per-che, mer-le, ter-tre, lec-tu-re,
terre, échelle, couvercle, hirondelle.

L'hi-ron-del-le se nou-rrit de pe-tits in-sec-tes.

A-bel a un su-per-be mer-le dans sa vo-li-è-re.

Ernestine cherche le fer perdu dans l'herbe.

Procédés : Que représente la gravure ? En quoi est le bec des oiseaux ? — En corne. — A quoi sert-il ? — Mêmes procédés que ci-dessus pour la formation des syllabes inverses et des syllabes ordinaires. — Épellation après lecture.

42e LEÇON

Syllabes inverses: ic, ib, if, ig, il, ig, ip, ir, is, it, ix, ys.

pic

bis, nif, dis, fir, fis, lir, mil, mix,
tic, vic, vir, vil, chif, bris, gril,
fil, vis, cuir, bis-cuit, ca-nif, ac-tif,
tictac, mastic, soupir, mourir,
lir-ma, in-fir-me, pu-blic, a-ve-nir.
Le biscuit se trouve dans le bissac.

Fir-min a é-cou-té le tic-tac du vi-eux mou-lin.

L'a-mi-ral a ga-gné une vic-toi-re na-va-le.

Frédéric a vu fuir le captif. Ludovic va venir.

Procédés : Qui connaît le nom de l'objet représenté sur la gravure ? — Qu'est-ce qu'un pic ? un instrument pour creuser dans la terre dure. — Faire lire le mot **pic** et former les syllabes inverses ic, ib, id, etc., et les syllabes ordinaires **bis, nif**. Lecture, épellation, écriture.

43e LEÇON

Syllabes inverses : or, ob, oc, od, of, og, ol, op, os, ot, ox.

cor

sol, por, cor, pos, col, cos, jor, vol,
nor, bor, choc, bloc, flos, grog.
roc, sol, col, de l'or, choc, bord,
soldat, porte, major, castor, corde.
ré-col-te, oc-to-bre, ro-ssi-gnol.
On a doublé le poste de soldats.

Fox a mor-du A-dol-phe à la cui-sse droi-te.

La chu-te du bloc a pro-duit un grand choc.

L'hirondelle part à la fin du mois d'octobre.

Procédés : Quel est le nom de l'instrument représenté ci-dessus ? — A quoi sert-il ? — Voici le nom de cet instrument, lisez-le... — Former les syllabes inverses **or, ob, oc**, etc., puis **sol, por**, etc.

44e LEÇON

Syllabes inverses : ur, ub, uc, ud, uf, ug, ul, up, us, ut, ux.

mur

dur, cul, pul, dul, cur, tur, sur, lus,
mul, pur, — mur, sud, suc, calcul.
club, stuc, ob-scur, bul-be, con-sul,
futur, pulpe, dirune, recul, adulte.
tu-mul-te, noc-tur-ne, mul-ti-tu-de.
L'adulte a terminé son long calcul.

Il y a du tu-mul-te dans la mul-ti-tu-de.

Ca-ro-lus sou-ffre : il a pris un pur-ga-tif.

Arthur a conduit sa tante à l'omnibus.

Procédés : Quel nom donne-t-on à la maçonnerie représentée sur la gravure ? — Comment s'appelle l'ouvrier qui construit les murs ? — Avec quoi fait-on un mur ? — Détacher **ur**. — Écrire et faire lire **ur, ub, uc,** etc. — Former ensuite **dur, cul,** etc.

45e LEÇON

Syllabes inverses : eur, euf, eul.

leur, seul, veuf, peur, teur, seur,
gneur, neur. — fleur, neuf, bœuf,
dou-leur, vo-leur, cha-sseur, lu-eur,
vapeur, chaleur, menteur, épagneul
lon-gueur, mal-heur, bon-heur,
instituteur, conducteur, constructeur.

Le cul-ti-va-teur a a-che-té un gros bœuf.

Ma sœur a dé-ta-ché le bou-ton de la fleur.

Le directeur a réprimandé l'élève avec rigueur

Procédés : La gravure représente quoi ? — Les fleurs durent-elles toujours ? etc. — Mêmes procédés que ci-dessus pour la formation des syllabes inverses : **eur, euf, eul,** et des syllabes ordinaires : **leur, seul, veuf,** etc.

46e LEÇON

Syllabes inverses :

four

f... , c... , b... , j... , t... , p... ,
tr... , m... , p... , g... , c... , ch... .
s... , p... , n... , s... d, Cherb...g,
c...se, mir... , f...che, mouch... .
c...-be, pleu-v... , re-t... , ra-cl... ,
f...mi, f...gon, ... tant, am... .

Le cha-sseur a p...-sui-vi un ...s brun.

Le transport du ... colis a coûté trois francs.

Procédés : Que représente la gravure? — Que fait-on cuire dans un four? — Où trouve-t-on toujours un four? — Faire lire le mot et former les syllabes comme précédemment. Avec **oi** faire **oif, oil**; avec **in** faire **ins.** etc. — Insister sur cette leçon.

5e PARTIE. — ÉQUIVALENTS

47e LEÇON (1)

c *devant* **e, i**;　c *devant* **a, o, u**;　t *devant* **ia, ieu, ion,** etc. = s.

ce, cé, ci, cè. — ca, co, cu, con. — tia, ieu, ion, tiel.

ce-ci, ce-la, vi-ce, le-çon, fa-ce, ma-çon, gla-ce,
rançon, merci, citron, garçon, celui-ci, celui-là,
ac-tion, na-tion, mar-tial, par-tiel, é-cor-ce,
médecin, balance, caleçon, précieux, séditieux.
Cé-ci-le a plan-té u-ne ca-pu-ci-ne près du mur.
Le maçon a réparé la façade de cet édifice.
Le pe-tit gar-çon é-tu-die sa le-çon de lec-tu-re.
Lu...ie a fait la charité, voilà une bonne action.

(1) Les dessins peuvent maintenant être abandonnés. — Néanmoins l'usage des procédés intuitifs est recommandé. Par quelques questions habilement posées, on peut, à l'aide du mot **leçon** par exemple, faire trouver aux enfants la valeur du ç. De même pour les autres équivalents.

48ᵉ LEÇON. — Équivalents (Suite).
ph = f.

pha, phe, pho, phu, phé, phè, phê, phi, phy,

phan, phin, phoi, phil, phlo, phar, phos, phra.

So-phie, phé-nix, é-pi-ta-phe, Phi-li-ppe,

paraphe, Adolphe, photographe, orthographe.

Thé-o-phi-le a té-lé-pho-né la ca-ta-stro-phe.

Il y a du phosphore à l'extrémité de l'allumette.

49ᵉ LEÇON. — Équivalents (Suite)
qu = k *ou* c (dur).

qua, que, qui, quai, qué, què, quê, quoi,

quin, quan, quil, queu, quif, quel, qu'un, qu'on,

co-que, quê-te, co-quin, quin-ze, lo-que, queue.

qualité, baraque, tunique, brodequin, taquin.

Un vieux li-vre se no-mme un bou-quin.

Le soldat crie: Qui vive! quand il passe quelqu'un

50ᵉ LEÇON. — Équivalents (Suite)
s *entre deux voyelles* = z.

ro-se, ru-se, poi-son, ro-sée, cou-sin, voi-sin,

grisou, faisan, raison, poésie, raisin, toison,

va-li-se, fu-sée, ja-lou-sie, ma-ga-sin, cloi-son.

visite, fusée, oison, croisade, hasard, suffisant.

Gré-goi-re vi-si-te-ra le ma-ga-sin ce soir.

L'artisan, très fatigué, se repose le dimanche.

No-tre voi-sin a bri-sé u-ne vi-tre à sa croi-sée.

51ᵉ LEÇON. — Équivalents (Suite)
y = ii *(le plus souvent entre deux voyelles).*

mo y-eu, cra y-on, ra y-on, pa y-san, no y-a-de,

loyal, bruyant, fuyard, croyance, Savoyard.

vo y-elle, bru y-è-re, fo-sso y-eur, pa y-eur, jo y-eux.

Ton cousin a appuyé trop fort sur son crayon.

La pa y-sa-nne a ba-la y-é le de-vant de sa mai-son.

Le fumiste a nettoyé le gros calorifère.

52ᵉ LEÇON. — Équivalents (Suite)
il, ll = ill, *dans certains cas.*

ba il, deu il, pa-re il, œ il, fi-lle, bi-lle, gri-lle,

treuil, cerfeuil, quille, écueil, portail, soleil,

é-cu-reu il, fa-mi-lle, bou-tei-lle, che-ni-lle.

Il a fallu un long travail pour faire ce portail.

La jeu-ne fi-lle ter-mi-ne le tra-va il co-mman-dé.

Camille a verrouillé la lourde grille du parc.

53ᵉ LEÇON. — Équivalents (Suite).
g = j, *devant* e, i.

ge, gi, gé, gy, gé, gè, geon, geai, gion.

â-ge, ca-ge, gi-got, ge-nou, ga-ge, gé-ant, ge-lée,

congé, visage, général, ménage, rivage, pigeon,

lan-ga-ge, man-geoi-re, vo-ya-ge, gi-ber-ne,

cirage, girafe, usage, mariage, géographie.

Le gé-né-ral a la croix de la Lé-gion d'Ho-nneur.

Le pigeon mangea le blé qui était dans la cage.

54e LEÇON. — Équivalents (Suite).
er, ez, et = é.

co-cher, clo-cher, plan-cher, ber-ger, ver-ger,

aimer, sabler, cribler agacer placer; cacher.

poi-rier, po-mmier, pru-nier, pa-nier, ta-blier,

parler, venez, chantez, nez, assez, finissez;

Jan-vier, fé-vrier et mars for-ment un tri-mes-tre.

Roger, écrivez, mais ne salissez pas votre cahier.

55e LEÇON. — Équivalents (Suite).
es, est, et = ai, ei = è.

gai, mai, raie, haie, sei-ne, nei-ge, pei-ne, rei-ne,

des, les, mes, tes, ses, est, prêt, guet, mu-et,

fraise, objet, treize, après, bouquet, perroquet.

Le mois de mai est un des mois les plus gais.

Le maire est venu à l'école distribuer les prix.

Allez dans ce bos-quet et cue-illez des fleurs.

Le maître a fait des reproches à cet élève.

56e LEÇON. — Équivalents (Suite).
am, en, em = an.

lam-pe, jam-be, ram-pe, jam-bon, tam-bour,

temps, vent, chambre, emploi, encre, temple,

bam-bin, champ, en-sei-gne, ré-gi-ment, si-len-ce,

centime, enclume, campagne, vente, entonnoir.

Hen-ri a en-jam-bé la ram-pe de l'es-ca-lier.

Ambroise, qu'avez-vous fait pendant mon absence?

57e LEÇON. — Équivalents (Suite).

tuy-au, glu-au, gru-au, noy-au, m-au-ve, f-au-te,
agn-eau, cout-eau, gât-eau, mart-eau, taur-eau,
bau-det, châ-teau, bu-reau, ba-teau, ca-veau,
troup-eau, vaiss-eau, tonn-eau, mar-teau, môneau.
Pau-li-ne chan-te : A-ccou-rez dans mon ba-teau,
jeu-nes gens du ha-meau, ve-nez pa-sser l'eau ;
il est en bou-leau et léger co-mme un ro-seau.
le berger a mené son troupeau sur le penchant
du coteau. Auguste a une peau d'agneau. Le
vaisseau a été jeté à la côte ; l'équipage est sauvé.

58e LEÇON. — Équivalents (Suite).

nom, pré-nom, pom-pe, pom-pon, bom-be,
sur-nom, par-fum, à jeun, hum-ble, tom-beau,
trompette, compagnon, colombe, triomphe.
Je m'a-ppel-le Lé-on Bom-bard. Lé-on c'est
mon pré-nom et Bom-bard c'est mon nom.
Les soldats portent un pompon à leur coiffure.
Un enfant ne doit pas partir à jeun en classe.
Le par-fum de la fleur a em-bau-mé la mai-son.
J'aime beaucoup Ambroise, c'est un gai compagnon.
Les pompiers ont sauvé un bâtiment qui brûlait.

59ᵉ LEÇON. — Équivalents (Suite).
im, yn, ym = in.

thym, im-pôt, tim-bre, sim-ple, im-pur, im-po-li,

limpide, timbale, symphonie, cymbale, guimbarde.

sym-pa-thie, syn-ta-xe, im-bé-ci-le, im-pri-me-rie.

Cet enfant imprudent grimpe aux arbres.

Va-len-tin a bo-ssu-é la bel-le tim-ba-le d'ar-gent.

Augustin a versé de l'eau limpide dans son vin.

Les li-vres sont faits dans les im-pri-me-ries.

O-lym-pe a la sym-pa-thie de ses com-pa-gnes.

Le lapin de garenne aime beaucoup le thym.

60ᵉ LEÇON. — Équivalents (Fin).
ain, aim, ein, en = in.

faim, main, pain, daim, étain, bain, grain,

plein, frein, rein, sein, des-sein, pein-tu-re,

plainte, peindre, musicien, écrivain. Adrien,

moy-en, chré-ti-en, ex-a-men, eu-ro-pé-en, li-en.

Sylvain portera demain un pain à son parrain.

Mon cou-sin ger-main est un bon mu-si-cien.

Ton chien a faim; le mien ne veut pas manger.

On tient son porte-plume de la main droite.

Alain trouve toujours le moyen de ne rien faire.

FIN

A LA MÊME LIBRAIRIE

Nouvelle méthode pratique pour l'enseignement de la géographie. — Texte-Atlas, établi conformément au plan d'études pour l'enseignement primaire, par M. DUBAIL, professeur de Géographie.

> **Cours élémentaire.** — Préparation à l'étude de la géographie. — Représentation cartographique. — Géographie locale. — Géographie générale. — Abrégé de la géographie de la France et de ses Colonies. 3e édition. 1 vol. in-16 oblong, avec 54 cartes et fig. dans le texte, en noir et en couleur.
>
> *Livre de l'élève*, cartonné...... **60 c.** — *Livre du maître*, broché....... **20 c.**
>
> **Cours moyen.** — La France, précédée de la revision du cours élémentaire et contenant, outre la géographie détaillée de la France, celle des **Cinq parties du monde.** 2e édition. 1 vol. in-4, avec 84 cartes et 25 fig. dans le texte en noir et en couleur.
>
> *Livre de l'élève*, cartonné.... **2 fr. 25** | *Livre du maître*, broché..... **1 fr. »**
>
> **Cours supérieur :** Les Cinq parties du monde. — Cartonné............ **4 fr. 50**

Notions d'agriculture et d'horticulture à l'usage du cours moyen et du cours supérieur des écoles primaires, par M. PAMART, professeur d'agriculture à l'Ecole normale de Douai. 2e édition. 1 vol. in-12, cart., avec 179 fig. .... **1 fr. 25**

Catéchisme d'agriculture par MM. BAUDRY et JOURDIER. 9e édition revue et augmentée. 1 volume in-18 avec 89 figures. 1 fr. cartonné........ **1 fr. 25**

OUVRAGES DE M. FRÉDÉRIC BATAILLE

Grammaire pratique de la langue française, précédée d'une lettre de M. M. Bréal, membre de l'Institut. *Ouvrage couronné par la Société pour l'instruction élémentaire, et inscrit sur la liste du département de la Seine.*

> **Cours préparatoire,** contenant 54 lectures enfantines et historiettes morales, 344 exercices de langue et d'orthographe, 54 morceaux de récitation, 54 modèles d'écriture calligraphiés, avec 54 dessins. Nouvelle édition. 1 vol. in-12, cartonné, de 120 pages.............................. .... **60 c.**
>
> **Cours élémentaire,** contenant 149 dictées littéraires, extraites des meilleurs auteurs et 760 exercices de langue et d'orthographe. Nouvelle édition. 1 vol. in-12, cartonné, de 168 pages........ .... **75 c.**
>
> **Cours moyen,** publié avec la collaboration de Henri RAGOT, ancien instituteur public, inspecteur de l'instruction primaire à Lyon, contenant 118 dictées littéraires extraites des auteurs classiques et contemporains, et 685 exercices de langue, d'orthographe et de rédaction, pour la préparation au certificat d'études primaires. Nouvelle édition. 1 vol. in-12, cartonné, de 264 pages.... **1 fr. 25**

Cours pratique d'arithmétique et de calcul. Cours préparatoire et élémentaire. (Tableaux résumés. — Exercices oraux et écrits. — Calcul mental. — Nombreux problèmes gradués et faciles. — Leçons et questionnaires. — Tableaux résumés). — Dessins de M. Ch. Weisser. 1 vol. in-12, cart., avec nombreuses figures............................... **80 c.**

www.ingramcontent.com/pod-product-compliance
Lightning Source LLC
LaVergne TN
LVHW022337170726
843503LV00008B/3394